AF319874

V.-E. VEUCLIN

QUELQUES NOTES INÉDITES

SUR LES

CLOCHES

DE BERNAY

BERNAY

IMPRIMERIE E. VEUCLIN

1838

(31)

V.-E. VEUCLIN

QUELQUES NOTES INÉDITES

SUR LES

CLOCHES

DE BERNAY

BERNAY

IMPRIMERIE E. YEUCLIN

1888

LES CLOCHES DE BERNAY

ÉGLISE DE SAINTE-CROIX

Une cloche du XVe siècle portait cette inscription :

L'an de grace 1469 me nomma dom Richard Borage abbé et srigurnr de ce lien. [1]

Au XVIe siècle, foute de plusieurs cloches, dont une porte cette inscription peu lisible :

Le xv de mars mil v ... mes seurs et moq fasmrs foudues ensemble... cardin tuillet me fist.

Cette cloche, du diamètre de 12 pieds 9 pouces et du poids de 960 livres, existe encore et sert journellement, à 9 heures du soir, à sonner l'antique *retraite* ou couvre-feu.

L'an de grace 1552 le 22 jour de mars avant Pasques je fus nommée Urbeine qui poise deux mil quatre cens ou environ. [2]

1590. — Lors de la prise de Bernay, les cloches de Ste-Croix sont confisquées

---

(1) Registre paroissial de Ste-Croix ; 1784.

(2) Cette cloche est peut-être celle dont fait mention l'inscription suivante gravée dans le beffroi : « LA GROSSE CLOCHE A ÉTÉ CASSÉE EN 1698 AU MOIS DE JANVIER »

au profit du chef de l'artillerie royale et rachetées par les habitants, moyennant 200 écus.

A partir de 1615, les comptes du trésor font mention de dépenses pour le CARILLON, notamment les suivantes :

1615. Payé 9 sols pour des cordes mises au carillon.

1619. Payé 15 sols, pour 4 tirants aux cloches pour le carillon. — 1623. Payé 5 s., pour des crochets pour sonner en carillon.

1626, 10 mai. — Les paroissiens assemblés en général et état de commun, « confessent avoir fait alleu avec Pierre Buret, bourgeois de Rouen, m^e fondeur, présent, de refondre la seconde cloche de la paroisse, icelle prendre où elle est et la refondre et la remettre au mesme lieu bien et deubment et fournir tout ce qui sera nécessaire po^r parvenir, fors le bois charpentier fer et ferrures qui sera fourny par lesd/ thrésoriers, et paieront après louvrage faict aud/ fondeur la somme de six vingtz livres ; que si l y a quelque augmentation de métail led/ Buret sera tenu le livrer et fournir à cinquante cinq livres le cent, à quoy led/ Buret sest contenté et submis et obligé et corps et biens de bien et deuement satisffère au contenu dud/ alleu dans troys moys de ce jour et sil reste du métail led/ Buret le reprendra au mesme prix quil le vend. »

Cet alleu est signé de 6 bourgeois et de Buret.

Inscriptions de cloches fondues dans le XVIIe siècle :

1647. NOBLE SEIGNEUR CHARLES LE CON-
TE DE NONANT, CHEVALIER, SEIGNEUR DE
BOUFFEY LA COUR ET AUTRES SEIGNEURIES.
NOBLE DAME JEANNE DE FRESNEY, ÉPOUSE
DE MESSIRE FRANÇOIS DE SENS, CHEVALIER
SEIGNEUR ET BARON DE MORCENT ÉPINES ET
AUTRES SEIGNEURIES. MAITRE THOMAS LE
PRÉVOT PRÊTRE-CURÉ. NOBLE HOMME... (1)

L'AN 1673 J'AI ÉTÉ BÉNITE PAR MESSIRE
LÉONARD FOUQUES CURÉ DE SAINTE-CROIX,
ET NOMMÉE MARIE PAR MESSIRE LÉON POT-
TIER DE GESVRES ABBÉ DE BERNAY, ET NO-
BLE DAME MARIE LE SEIGNEUR FEMME DE
MESSIRE ANDRÉ GUENET ESCUYER SEIGNEUR
DE LA FACTIÈRE ET DE St JUST, CONSEILLER
DU ROI ET LIEUTENANT GÉNÉRAL CIVIL ET
CRIMINEL D'ORBEC. M. JACQUES MANNOURY,
CONSEILLER DU ROI VICONTE DE FOLLEVILLE,
PIERRE CHAPEL. JEAN PLANQUE ET EUSTA-
CHE SÉBIRE TRÉSORIERS EN CHARGE. — V.
GLASSON M'A FAITE. (2)

1686. — Les trésoriers sont en procès
avec Guille Glasson, fondeur de cloches,
à l'occasion d'un alleu fait avec lui.

1693. — Le sonneur de la paroisse se nomme
Desnos; il habite une maison appartenant au
Collège et louée 15 l. par an.

1698, janvier. — La grosse cloche est
cassée.

1700. — La confrérie de Charité paie la moi-
tié de la petite cloche.

---

(1) Factum Lochet du Carpon ; 1706. — Cette
cloche était alors la seconde sur cinq.
(2) En 1706, cette cloche est la 4[e]

1717. — L'église de Ste-Croix possède 5 cloches, dont une pèse plus de 7,000 livres.

En ladite année, deux morceaux de métal, provenant de la grosse cloche et pésant environ 36 livres, sont remis par le trésorier comptable à son successeur.

1718. — Première mention, dans les recettes du trésor, du « droit de sonnerie » : 5 sols pour un baptême ; 30 sols pour un service — 1721, Le droit de la grosse sonnerie, aux inhumations, est de 3 livres — 1720. Nicolas Lieuvin, sonneur ; il est payé par le clerc-sacristain, lequel a la charge exclusive de la sonnerie.

1723. — Pierre Montaubert, sonneur et conducteur de l'horloge.

« L'an 1751, le mardi 13ª avril, se sont assemblés Mᵐˢ les paroissiens pour délibérer des affaires de la fabrique et notamment pour la fonte des cloches qui sont à refondre. Lesquels après avoir délibéré entre eux, et sur la représentation que Mʳ le curé leur a faite que plusieurs fondeurs se sont présentés qui s'obligent de les refondre sous les clauses et conditions requises en pareil cas ; sur quoi lesd/ paroissiens ont trouvé convenable que Mʳ le curé et les sʳˢ trésoriers règlent et arrêtent avec le fondeur le plus raisonnable tout ce qui conviendra pour parvenir à l'opération de la fonte desd/ cloches, dont les deniers seront pris de ceux qui sont à la fabrique, et en cas d'insuffisance y pourvoir ainsy qu'il appartiendra. — Et sur ce que lesd/ sʳˢ trésoriers ont representé qu'une personne de piété a donné

à la fabrique une somme de cinq cents
cinquante livres pour avoir un ornement
damas blanc, mais qu'après s'être infor-
mé pour sçavoir si cette somme étoit suf-
fisante pour faire l'empléte de ce même
ornement, on leur a assuré qu'il faudroit
encore vers vingt-cinq pistoles, pourquoi
ils demandent si lesd/ s^{rs} habitans sont
d'avis qu'on prenne des fonds du trésor
pour suppléer à cette dépense, et ont les
dits habitans authorisé le s^r trésorier à
suppléer aux dépens du trésor à l'achapt
dud/ ornement, ce qu'ils ont signé. »

(19 signatures y compris celle du curé).

Le dimanche 25 avril, nouvelle assemblée des paroissiens, pour délibérer......,
« principalement sur la remontrance fai-
te par les s^{rs} trésoriers....., ils se seroient
embouchés avec les fondeurs pour refon-
dre les deux cloches cassées et seroient
convenus de leur payer une somme de
mille livres sur les fonds du trésor pour
cet effet particulier, et qu'aïant observé
qu'il seroit à propos de refondre aussi la
petite pour la rendre concordante avec
les autres, et que pour cet effet les fondeurs ont dit qu'il faudroit pour cette
augmentation une somme de 900 livres,
parce qu'il seroit nécessaire près de six
cents livres de métail d'augmentation....
Les paroissiens, vu que les fonds actuels
du trésor sont insuffisans, sont d'avis de
différer la refonte de la petite cloche, à
moins que les fondeurs ne leur accordent

un délai compétent pour payer.....
(Même nombre de signatures).

Le dimanche 25 juillet, troisième assemblée des paroissiens..., auxquels le curé et les trésoriers ont représenté....., « qu'ils auroient fait marché, le 19 avril, avec les s¹ˢ Jean-Baptiste Brocard l'aîné, de Bruvané en Loraine ; Jean Cavelier, demeurant à Rouen, paroisse de Saint-André de la Ville, et Claude Dubois frères, de la paroisse d'Huilliecourt en Loraine, proche Chaumont en Bassigni, fondeurs, par lequel marché il auroit été convenu que lesd/ sˢ fondeurs se sont obligés entre autres de faire, fournir et avancer tout ce qui a été nécessaire pour refondre les deux grosses cloches de l'église, de les deplacer et replacer dans la même sçituation en bon et dû état, d'y mettre de bon métail et jugé tel avant que de le confondre avec celui desd/ cloches : de rendre la grosse bien placée ainsi que la seconde tant leur même forme tant pour leur circonférence hauteur et époisseur et du même poids dont elles auroient été trouvées lorsqu'on les péseroit : parce que dans le cas où il se trouveroit après la refonte quelques livres de plus ou de moins il seroit tenu compte de part et d'autres à raison de trente sols la livre. Au moïen de quoi et de tout ce que dessus il a été promis après la perfection des dits ouvrages et jugés parfaits au dire d'experts en cas de contestation, auxd/ fondeurs la somme de mille livres.

« En conséquence dud/ marché lesd/
s^{rs} fondeurs ont fondu et replacé lesd/
deux cloches ; après avoir été éprouvées
pour les tons qu'elles devoient avoir, lesquels se sont trouvez conformes aud/ marché et pésée, lors duquel poids il s'est
trouvé que la seconde cloche pése cent
vingt livres, et la première deux cents
cinq livres de plus, ce qni compose en
tout trois cents vingt cinq livres de métail
d'augmentation dont lesd/ s^{rs} fondeurs
demandent le paiement sur le pied de 30
sols la livre quoiqu'il ne leur revient qu'à
vingt six sols ; Et comme cette augmentation paroît à mond/ s^r le curé et aux s^{rs}
trésoriers excéder trop considérablement
le marché qu'ils ont fait..., d'autant plus
que lesd/ s^{rs} fondeurs assurèrent verbale-
ment, lors dud/ marché, que l'augmentation et diminution qui se pouroit trouver
après la refonte desd/ cloches ne devoit
aller qu'à 25 à 30 livres ; pourquoi mond/
s^r curé et s^{rs} trésoriers rendent compte
de ces faits à M^{rs} les paroissiens afin qu'ils
aient la bonté d'en délibérer et décider
entre eux ce qu'ils aviseront bien ; leur
observant en outre que le charpentier que
lesd/ s^{rs} fondeurs ont mis en ouvrage pour
descendre et remonter lesd/ cloches, s'est
servi sans aucune permission de la grosse corde qui sert à sonner la grosse cloche, laquelle a été rompue par deux en-
droits, ce qui occasionnera des dépenses
à la fabrique contre et au préjudice des
clauses dud/ marché.

n'est pas d'accord, en cas que l'argent qui sera destiné à cet usage puisse suffire ; — de faire sonner les heures sur la grosse coche, comme cela étoit anciennement ; — de substituer des timbres au lieu des petites cloches qui sonnent les quarts, en cas qu'il y ait quelque avantage ; — de faire transporter l'horloge un étage au-dessus de celui qu'elle occupe ; — de faire refaire le premier plancher du clocher, afin que les sonneurs puissent y sonner ; — de raccommoder le second comme il conviendra ; — de réunir à l'église le carré de dessous les cloches..... À cet effet, de faire abattre un ou deux ormes du cimetière, pour faire la hune des dittes cloches et pour la réparation des planchers, desquels ormes les émondes seront cédées au bedeau suivant l'usage et les coupaux seront vendus pour l'argent en être employé auxdits ouvrages, ainsi que les vieux bois de la démolition ; de fixer une somme qui sera prise sur les deniers de la fabrique pour. lesdits ouvrages, M^r le curé promettant d'y ajouter ce qui proviendra de la quête de la station qu'il rempli avec M^{rs} les prêtres de la paroisse... — Sur quoi délibérans, ont dit qu'ils agréent les propositions faites cy-dessus et qu'ils consentent que la somme de mille livres, des deniers de la fabrique, soit employée aux dits ouvrages... » — (30 signatures).

L'année suivante, le dimanche 31 octobre 1779, délibération des paroissiens.

« ..... Le vœu de la paroisse étant qu'il y
ait une sixième cloche plus petite que les
cinq, dont trois ont été dernièrement fondues, et qui soit d'accord avec elles »,
le curé est autorisé à faire fondre cette
6e cloche et à y employer des deniers de
la fabrique jusqu'à la concurrence du reli-
quat du compte qui est entre les mains
du premier marguillier ; en outre, le curé
a promis d'y employer les deniers des
stations qui seront remplies sans prédica-
teur extraordinaire... »

(22 signatures).

1780, 10 avril. — Les gages du sonneur sont
portées à 80 livres au lieu de 50.

1784. — Refonte de trois anciennes
cloches et fonte d'une nouvelle. — Le 26
octobre, bénédiction, par le curé de la paroisse, de ces 4 cloches, dont voici les
inscriptions (1) :

AMÉLIE, NOMMÉE PAR MESSIRE LÉONARD
JACQUES DESHAYES, CHEVALIER, SEIGNEUR
DE FORVAL, BARON DE MOUTHIERS-HUBERT,
DEMEURANT EN CETTE PAROISSE, ET NOBLE
DAME FRANÇOISE-AMÉLIE DE MAUDUIT DE SE-
MERVILLE, ÉPOUSE DE MESSIRE GUILLAUME-
JACQUES-CONSTANT DE LIBERGE, CHEVALIER
SEIGNEUR DE GRANCHAIN ET PATRON DE
CETTE PAROISSE, CHEVALIER DE L'ORDRE RO-
YAL ET MILITAIRE DE St LOUIS, CAPITAINE

____

(1) Le rédacteur du procès-verbal de cette
bénédiction a eu la bonne pensée de transcrire
les inscriptions des cloches refondues.

DES VAISSEAUX DU ROI. LAQUELLE CLOCHE PÈSE **2496** LIVRES.

Cette cloche était celle de 1522.

FÉLICITÉ, NOMMÉE PAR MES^re ANDRÉ JAC-QUES BARREY DU THEIL, CHEVALIER, SEIGN^r DU THEIL ET DE LA MERCERIE, ANCIEN CAPI-TAINE DE DRAGONS, CHEVALIER DE L'ORDRE ROYAL ET MILITAIRE DE S. LOUIS, ETC. ET NOBLE DAME MARIE MADELEINE FÉLICITÉ DE BOSC-HENRI, ÉPOUSE DE MESSIRE NICOLAS ANTOINE LEBLOND, CHEVALIER DE L'ORDRE ROYAL ET MILITAIRE DE S. LOUIS, ANCIEN EXEMPT DES GARDES DU CORPS DE S. M. — LAQUELLE CLOCHE PÈSE **1764** LIVRES.

Cette cloche est celle de 1673, augmentée.

ANNE, NOMMÉE PAR MESSIRE JEAN JOSEPH DE LA ROCHE DE PERTHEVILLE, CHEVALIER, SEIGNEUR ET PATRON HONORAIRE D'OUILLIE-LE-VICOMTE ET S. MARDS-DE-FRESNES, E. C. ET NOBLE DAME MARIE ANNE FRANÇOISE DES PERRIERS, ÉPOUSE DE MESSIRE FRANÇOIS DE BELLEMARE DE S. CYR, CHEVALIER, ETC., REPRÉSENTÉS PAR MESSIRE JOSEPH EUGÈNE DE LA ROCHE DE S. MARDS ET PAR NOBLE DA-MOISELLE MARIE MADELEINE AMÉDÉE DE LA ROCHE DE PERTHEVILLE, FILS ET FILLE DU DIT SEIGNEUR PARRAIN, DEMEURANT A LI-SIEUX.

Fondue avec les débris de la cloche de 1469, celle ci-dessus est augmentée et pèse 1508 liv.

JOSEPHE, NOMMÉE PAR MONSEIGNEUR IL-LUSTRISSIME ET RÉVÉRENDISSIME JOSEPH AN-NE LUC DE PONTE ALBARET, ÉVÊQUE SARLAT

REPRÉSENTÉ PAR Me CHANU, VICAIRE DE Ste CROIX, ET MM. NICOLAS HAREL, HENRI BERTRAND, J.-B^{te} HUBERT DE LA HUBERDIÈRE, BOURGEOIS DE CETTE VILLE, ET LOUIS DUBOUVRAY. PROCUEUR EN L'ÉLECTION, MARGUILLIERS EN CHARGE DE CETTE PAROISSE.

Cette cloche pèse 1100 livres et est ajoutée aux anciennes pour former une sonnerie de 6 cloches.

Huit ans plus tard, la Révolution enlève quatre de ces cloches et en laisse deux.

Vers 1806, une troisième cloche vient s'adjoindre aux précédentes (1).

En juillet 1824, il est question de faire refondre une des 3 cloches, cassée depuis plusieurs mois, et d'en ajouter une seconde par rapport à la grosse; de son côté, la confrérie de Charité en offre une troisième. — Le marché de la fonte est fait avec les sieurs Lecerf et Lacour, fondeurs à Evreux, pour la somme de 7.112 fr. 40 c. — Deux de ces cloches sont bénies, le 7 juillet 1825, par M. Mathieu, supérieur du grand séminaire d'Evreux, vicaire général du diocese, et comme représentant Mgr l'évêque.

La première de ces cloches est nommée « Catherine-Charlotte-Louise », par M.

---

(1) En 1806, plusieurs petites cloches, pésant ensemble 800 livres, sont vendues à Rouen, au nom de la fabrique, pour 1132 fr. Ces cloches avaient été données par le Préfet, ainsi qu'une autre qui servit à fondre le timbre de l'horloge.

Église de Notre-Dame de la Coûture

« Au nom de Dieu et de N -D., en l'an
de grâce 1531, au moys de juillet, aux
despens de la Charité fondée en l'église
paroissiale de N.-D. de la Couture de Bernay, fut faite une grosse cloche du poids
de 4,000 livres et plus, dont fut payé à
Pierre Peron et Girdin Vivien, fondeurs
de cloches, la somme de 60 livres tourn⁹
pour leur peine d'avoir icelle fondue, et
pour chacun cent du même mélal employé et fourny pour ladite affaire, fut payé
17 livres 10 sols, le tout aux despens de
la Charité... — Pour le métal employé,
700 livres. — Pour la paie des fondeurs,
60 livres... (1) »

1651. — Payé 60 s., pour la corde de la grosse cloche.
1652-1653. Travaux importants à la tour.

1656. — Il est question de fondre des
cloches ; à cette intention, les trésoriers
font « l'avant rue » des cloches. — Cette
fonte n'a lieu qu'en 1658 ; la plus grosse
cloche pèse 6,400 livres et porte cette inscription :

EN 1658, Mʳᵉ FRANÇOIS DE FEDEAV ABBÉ
ET BARRON DE BERNAY CONSᵉʳ DV ROI EN SA
COVR DV PARLEMENT DE PARIS. NOBLE DAME
LOVISE MARIE DE MIONS ESPOVSE DE MESSIʳᵉ
PIERRE DAUVET, CHᵉʳ SEIGNʳ DE TRIGNY
BOVFÉ DAVVILLARS, REP PAN TIGNY LAVNE

---

(1) Registre de la Charité.

ET LA PERRE ET BÉNISTE PAR M^r P LE CRE-
CILLIER PBRE CVRÉ DE CE LIEV ET BACHE-
LIER EN THÉOLOGIE ET TRÉSORIERS Mre PIER-
RE AVBENY CON^{er} DV ROI VICOMTE DE MONS-
TREUIL, G. LE HVRE S^r DES VILLETTES, RO-
BERT ROCHE, IACQVES GOSSE BOVRGEOIS DE
BERNAY.

Décoration de cette cloche : un bandeau de
grosse fleurs de lys ; un écusson aux armes de
l'abbé Feydeau ; au-dessus, la Vierge-mère po-
sée sur un croissant ; une croix fleuronnée et
fleurdelysée : au-dessous, ces mots mal venus
à la fonte : ME FIT BVRET (1).

1663, — Payé 12 l. pour une corde neuve de
la grosse cloche.

1675. — Payé 68 sols pour du cordeau et cor-
dons aux cloches pour sonner et carillonner.
Payé 60 sols à Girard pour avoir mis les noms
à une des cloches et raccommoder l'autre.

En 1667, l'église possède 4 cloches,
« dont la plus grosse est du poids de six
mille livres, les autres à proportion reve-
nantes à icelle. »

1735, 30 août. Refonte de la 4e cloche.
Due à la générosité de M. Dauvet, cette
cloche est bénie le 4 septembre suivant.

1792, 5 juin. En exécution de la loi du

---

(1) L'on rapporte que cette cloche fut fondue
sur le Cours et qu'elle resta enfouie pendant
quelque temps, parce que le fondeur était con-
vaincu de l'avoir manquée et s'était enfui sans
oser vérifier le résultat de son travail. Après
un procès, dont il est question dans les comptes de 1661, l'on se décida à exhumer cette cloche que l'on fut surpris de trouver parfaitement
réussie.

22 avril dernier, la municipalité de Bernay accorde et abandonne à la Monnaie la seconde cloche, qui est cassée, de l'église de la Couture, — Le 8 août, les paroissiens s'opposent à la descente de cette cloche et menacent de mort ceux qui y voudraient toucher ; l'enlèvement est différé et la municipalité est obligée d'intervenir. — 22 octobre Descente et enlèvement de toutes les cloches, à l'exception d'une seule pour chaque église conservée au culté. — Le documen. suivant se rapporte à ce fait qui causa tant d'émoi :

« Nous soussignés Jean Bicaille, Jacques Bellache et Pierre Leudes, tous trois marguilliers de l'église de N.-D. de la Couture..., certifions qu'il nous a été remis par les frères servants en l'an 12 de la Répub!. française (l'an 1804 de J.-C) une somme de 160 l. tournois pour aider au paiement d'une cloche qui, ayant été enlevée, et autres, d'après un décret de la Convention nat^{le}, de la fabrique de ladite église..., laquelle cloche appartenait à la Charité, laquelle dite cloche a été descendue lors de la Révolution en l'année 1792 et a été transportée à Elbeuf pour être cassée en exécution des lois. Laquelle cloche ayant été réclamée par les marguilliers de l'église Ste-Croix et ces derniers ayant nommé des commissaires pour se transporter à Elbeuf pour reclamer la dite cloche qui n'avait pas été cassée, ont obtenu du Préfet de Rouen la permission d'enlever ladite cloche, laquelle dite cloche arrivée en l'église de Ste-Croix, les marguilliers de l'église de N.-D. de la Couture en ayant été instruits ainsi que les frères servants à la dite charité que cette cloche avait appartenu à l'église de N.-D. de la Couture et était celle de la dite Charité, ils ont adressé une pétition pour la reclamer, et sur la dite pétition et sur l'avis du maire, sous-préfet et préfet du département de l'Eure, dont il s'en est suivi un jugement définitif du gouvernement par lequel il appert que comme la dite cloche a appartenu à la Charité de l'église de Notre-Dame de la Couture qu'elle lui serait transférée, comme lui ayant appartenu, et remise à son beffroy. Délibéré par les frères assemblés, laquelle somme de 160 l. tournois a été remise aux marguilliers de la dite église de Notre-Dame de la Couture par Pierre Barbey, échevin de la dite Charité. A Bernay, ce 30 floréal an 12 de la République... » (1)

Ayant été cassée, cette cloche fut refondue en 1824 et augmentée de 350 livres. ce qui porta à 4,000 livres le poids de la nouvelle cloche. La refonte coûta 1,575 fr. 75 qui furent payés par la Charité.

Cette cloche existe encore, bien que fêlée profondément depuis longtemps ; elle porte cette inscription :

---

(1) Registre de la Charité.

L'AN 1824, J'AI ÉTÉ BÉNITE PAR M⁰ JAC-
QUES TOUSSAINT LA COUR CURÉ DE LA PAR⁵⁵
DE N.-D. DE LA COUTURE, ET NOMMÉE MA-
RIE-FRANÇOISE-SUZANNE-CLAIRE PAR Mʳ MAU-
RICE-JEAN-Fᵒⁱˢ-PIERRE-PATERNE THULOU PRÉ-
SIDENT DU TRIBUNAL CIVIL DE BERNAY, ET
PAR MADᵉ MARGUERITE-SUZANNE PRÉTAVOI-
NE NÉE BIDAULT. M. MUTEL DE BOUCHEVILLE
MAIRE. Mʳˢ P.-C. LAHURE, A. GUILLE, A.-N.
MARIE, A. LABIGNE ET C.-E. FONTAINE, MAR-
GUILLIERS. Mʳˢ P. LEMAITRE ANTIQUE, L.-P.-
D. RODEMONT PRÉVOT; F.-R.-N. GROULT ÉCHE-
VIN, J.-L. VO TIEP, J. DESCHAMPS, R. HAYES,
C.-A. GRUVEL, J.-P. LOUVIGNI, M.-C. CHES-
NEL, VVᵉ LAFOSSE, M.-J. LEBOURG, Mᵐᵉ DU-
MONT, P. LAMBERT, P. GUILLOT, P. CACHE-
RAT ET L. LEROY, DE LA CONFRAIRIE DE LA
CHARITÉ. — FONDUE SUR LE FOND DE Mʳ A.
DE LA RADIÈRE PAR J.-BAPTE BUREL FON-
DEUR A BREVANNES, HAUTE-MARNE — CLO-
CHE DITE DE LA CHARITÉ.

Décorations de cette cloche : un bandeau for-
mé de rinceaux, de têtes d'anges et de fleurs
de lys alternées ; une croix. — La bénédiction
eut lieu le 22 août 1821.

Au mois d'octobre de la dite année, une
souscription fut ouverte pour la fonte d'u-
ne troisième cloche, sur laquelle on lit
encore aujourd'hui cette inscription :

L'AN 1824, J'AI ÉTÉ CRÉÉE AUX FRAIS DE
LA PAROISSE PAR SOUSCRIPTION, BÉNITE PAR
Mʳᵉ J.-T. LACOUR, CURÉ DE N.-D. DE LA COU-
TURE, NOMMÉE VICTOIRE-DÉSIRÉE PAR FRAN-
ÇOIS-GABRIEL BEAUTIER, ANCIEN MAIRE DE
BERNAY, ÉPOUX DE DAME SOPHIE AUGER, ET

PAR DAME VICTOIRE-DÉSIRÉE LEGRIX ÉPOUSE
DE MESSIRE LÉONOR PHILIPPE BRÉANT DU
BOSC-LE-COMTE, EN PRÉSENCE DE Mʳ DE LA
HAYE, SOUS-PRÉFET, CHEVALIER DE LA LÉ-
GION D'HONNEUR, MESSIRE MUTEL DE BOU-
CHEVILLE, MAIRE, ET Mʳˢ LES MARGUILLIERS
P.-C. LE HURE, GREFFIER DU TRIBUNAL DE
COMMERCE. A. GUILLE, RECEVEUR DES CON-
TRIBUTIONS DE LA VILLE, A.-N. MARIE, NO-
TAIRE, C. FONTAINE ET A. LABIGNE, PRO-
PRIÉTAIRES. — FONDUE SUR LE FONDS DE
MESSIRE ALPHˢᵉ DE LA RADIÈRE ET DE DA-
ME PAULINE DE CRÉCY SON EPOUSE. — J.-Bˡᵉ
BUREL, FONDEUR.

Cette cloche, du poids de 2,754 livres, fut bénie le 6 février 1825 ; sa décoration est la mé-
me que la précédente.

L'église de la Couture possède actuel-
lement les TROIS cloches suivantes:
1658, 1824, 1824.

ÉGLISE DE L'ABBAYE

La Révolution trouva dans la tour ro-
mane de cette église 4 petites cloches pe-
sant ensemble 4,200 livres environ et qui
furent toutes enlevées, en 1791 (1).

ÉGLISE DES CORDELIERS

Vers 1689. Fonte de cloches, dont une
du poids de 6 kᵉˢ, par Jean Burel (2).

---

(1) 1791, 1ᵉʳ déc. Les cloches des églises sup-
primées de Bernay sont transportées en l'église de la ci-devant abbaye et pésées.

(2) Collection de M. Casimir Lair.

1790. — L'église possède 2 cloches, dont une avait appartenu à la confrérie de Charité (1), supprimée vers 1773.

CHAPELLE DE L'HOTEL-DIEU
(Couvent de la Grande-Rue)

Avant 1738. 2 cloches ; la grosse appartient à la Charité de l'hôtel-Dieu dès 1664.

En mai 1738, refonte des deux cloches anciennes et fonte d'une troisième, laquelle est bénie le 5 juillet et nommée par le s^r des Longsveaux et par l'épouse du s^r Dulan, chevalier de St-Lazare, commandeur de Malte (2).

1792, 12 sept. 2 cloches sont inventoriées.

CHAPELLE DES PÉNITENTS

1735. Fonte d'une cloche de 297 livres en remplacement d'une qui ne pesait que 35 livres (3).

Chapelle des Dames de la Comté

1792, 11 sept. 3 cloches sont inventoriées.

CHAPELLE DU CIMETIÈRE

1652. L'acte de fondation prescrit l'em-

---

(1) En 1716, l'échevin de la Charité des Cordeliers paie 6 l. pour une corde neuve à la cloche.

(2) Journal de l'abbé Gautier.

(3) Voir la notice de M. Malbranche sur l'ancien couvent des Pépitents.

ploi d'une cloche pour annoncer les offi-
ces.

Chapelle de l'Hôpital général.

1736-1744. Dates de la fonte des 2 cloches (1).

COLLÈGE ASSE

1693. — Le trésorier de Ste-Croix rem-
bourse au régent de réthorique, 10 sols
pour la couplière de la cloche du collège.

Nous n'avons rien trouvé concernant
la cloche qui existait probablement dans
chacune des chapelles suivantes :

Chapelle de la Madeleine.
     «   **St-Michel.**
     «   **Ste-Gertrude.**
     «   **de la prison d'Orbec.**
     »   **de la prison de Montreuil.**

Hôtel ou maison de ville.

---

(1) Voir la notice de M. Malbranche sur l'Hos-
pice de Bernay.

DU MÊME AUTEUR:

Histoire de la Ville de Bernay et du Canton
(*avec la collabor, de A. Bazin*); 1873, 1re partie, 72
p. (*Le manuscrit (plus de 1,000 p.) n'a pas été cou-
ronné par la Société libre de l'Eure, sect. de Bernay*).
Le Fort Français de Chambly (Canada); 1874.
Notice sur le Fort St-Louis de Chambly; id.
Estampages de 4 Pierres tombales gravées.
Saint Vincent de Paul à Bernay, en 1650.
Histoire d'un petit coin du Pays d'Ouche.
Les Confréries des Captifs à Bernay, etc.
Les Vitraux de Saint-Martin de Laigle.
Le Musée municipal de Bernay; 1878.
Vitraux anciens de l'église paroissiale d'Orbec.
Fin de l'Abbaye royale du Bec-Hellouin.
Armoiries de la Ville de Bernay; 1881.
Les huit Canons du château de Broglie.
Description sommaire de l'Eglise de Rostes.
L'Imprimerie à Bernay, depuis son établissem^t.
Le Cléricalisme n'est pas l'ennemi de la Liber-
té, du Progrès et de la Civilisation; 1884.
Petit Bouquet de Fleurs historiques sur la Mai-
son de Broglie.
La Ruine de l'Abbaye de Saint-Evroult.
Le Théâtre à Bernay, au XVIIIe siècle; 1885.
Cahiers du Tiers Etat de la Ville de Bernay.
Les Petites Ecoles et la Révolution dans les dis-
tricts de Bernay et de Louviers. — (*Congrès de
la Sorbonne, 1885*).
Saint Taurin et sa Coudre à St-Aubin-de-Gisai
L'Eglise de Sainte-Croix de Bernay.
L'ancien Collège de Bernay; 1886.
Un Episode de la Chouannerie, en l'an VII.
Notes historiques sur l'Instruction publique,
avant la Révolution, dans la Ville de Bernay
Guerres de la Révolution et les Bernayens.
Notes inédites sur Languet de Gergy, abbé.
Notes historiques sur l'Instruction publique,
avant la Révolution, dans la Ville de Louviers.
La Confrérie de Charité et de la Rédemption
des Captifs de St-Aubin-le-Guichard; (*Ex-
trait d'un Mémoire lu au Congrès de la Sorbonne*).
Les Saints Patrons de la Ville de Bernay.
Le Journal d'un Paysan (1789-1823).

Les Hôtelleries et Cabarets de Bernay.
Description des Armes de Bernay, en 1730.
Fêtes civiques du 14 Juillet à Bernay, 1790-1799.
Les Trois Couleurs Nationales dans la Ville de
    Bernay pendant la Révolution ; 1887.
Les Falots des Rois, Feux de joie et le Carna-
    val dans la Ville de Bernay, au XVIII° siècle.
La Marine militaire Française sous le Consu-
    lat et l'Empire. Aventures d'un jeune Marin.
L'Eglise et l'Etat, au XVIII° siècle.
La Question du Paupérisme traitée à la Sorbonne
Récits villageois en Patois normand.
La Police du Commerce et de l'Industrie.
Chansons villageoises recueillies au 18° siècle.
La Police des Rues, à Bernay, au XVIII° siècle
Statuts des Toiliers de Bernay. (Congrès de 1887)
La Muse au Village, au XVIII° siècle.
Petits Documents pour une grande Histoire de
    France (1701-1750).
La St-André des Menuisiers de Bernay, en 1757.
Tapisseries et Jubé de Sainte-Croix de Bernay.
Fontes de Cloches de villages, aux 17° et 18° s.
Les Fêtes patronales des Drapiers de Bernay.
Prise de possession de l'Abbaye de Bernay, 1619
Nouveaux documents sur l'Instruction publique.
La Chapelle de l'ancien Cimetière de Ste-Croix.
Coutumes éteintes. Sonnerie des Agonisants.
Les Fondateurs d'Ecoles au 17° siècle.
Réédification de l'Abbaye de Bernay, en 1686.
Peintres et Tailleurs d'Images du 17° siècle.
Anciennes Industries hospitalières. — Dentelle.
Fondation par la Confrérie de S Cosme.
Un Captif normand acheté par les Trinitaires.
Artistes normands ignorés ou peu connus.
Ouverture du Jubilé par les Bénédictins. 1684.
Bibliothèques normandes des 17° et 18° siècles.
Campanalogie bernayenne depuis le XV° siècle
Les Bernayens remarquables. — L'Abbé Chanu.